L'ABBÉ

LÉON GODARD

CHAUMONT, TYPOGRAPHIE DE C. CAVANIOL.

L'ABBÉ
LÉON GODARD

CHANOINE HONORAIRE D'ALGER

PROFESSEUR AU GRAND SÉMINAIRE DE LANGRES

PORTRAIT ET BIOGRAPHIE

PAR
J. CARNANDET

AVEC UNE

PHOTOGRAPHIE PAR M. VICTOR PETIT

Photographe à Langres

PRIX : 1 FRANC

PARIS
VICTOR PALMÉ, LIBRAIRE-ÉDITEUR
22, rue Saint-Sulpice, 22.

1863

L'ABBÉ
LÉON GODARD

CHANOINE HONORAIRE D'ALGER

PROFESSEUR AU GRAND SÉMINAIRE DE LANGRES.

Multis ille bonis flebilis occidit,
Nulli flebilior quam mihi.

Le 18 février dernier, un long et silencieux convoi funèbre, composé de toutes les classes de la société, traversait les rues du chef-lieu du département de la Haute-Marne. Il accompagnait les restes mortels d'un jeune et savant prêtre, l'abbé Léon Godard, chanoine honoraire d'Alger, professeur d'archéologie sacrée et d'histoire ecclésiastique au grand séminaire de Langres, qui, après avoir beaucoup travaillé, beaucoup voyagé, beaucoup écrit et beaucoup enseigné, venait de mourir, alors que rien ne pouvait faire pressentir sa fin prématurée. Obligé de demeurer à Rome pendant la saison d'été, au milieu de travaux et de préoccupations pénibles, il était revenu très-fatigué et très-malade ; mais on ne pouvait s'attendre à le voir succomber à la peine « après avoir, comme l'a dit un écrivain caholique (1), accompli son œuvre et scellé d'un exemple admirable sa double passion pour l'Eglise et pour son pays. »

C'est toujours une triste cérémonie que celle qui réunit autour d'un cercueil ; mais elle devient plus triste encore quand ce cercueil renferme, comme celui de M. Godard, tant de jeunesse et tant d'espérance. — Tous faisaient une grande perte dans la personne de M. l'abbé Godard. — La ville de Chaumont faisait une perte ; car c'était un de ses plus nobles enfants ; un des plus distingués qu'elle ait produits et quoiqu'il n'eût pas cherché la gloire, la gloire était déjà venue le trouver et elle commençait à rayonner autour de son jeune front. Les habitants de sa ville natale conserveront longtemps le souvenir de son dévouement lors du choléra de 1854. Lorsqu'il apprit que Chaumont était atteint par l'épidémie, il s'empressa d'accourir pour soigner les malades et consoler les mourants.

C'était une perte pour le séminaire de Langres où il professait avec tant de succès et sa mort laisse un vide véritable dans l'enseignement, car il était savant quoique jeune et il devenait chaque

---

(1) M. A. Cochin. Lettre au supérieur du grand séminaire de Langres.

jour plus savant encore, il était puissant par sa parole, et sa puissance allait toujours en augmentant.

C'était une perte pour le diocèse de Langres. M. Godard n'était pas seulement savant, il était loyal, droit, simple comme un enfant, d'une grande humilité, d'une foi profonde, d'un caractère éminemment sympathique. Rempli de l'esprit catholique qui est un esprit de dévouement, il aimait les âmes. Il s'était trouvé en contact avec le soldat français et il y avait eu une sorte de fusion entre son cœur et le cœur du soldat, dont il avait compris la loyauté et le dévouement; c'est donc sur les soldats français que se reporta plus spécialement son amour des âmes. On l'avait vu, sur les plages africaines, braver les fatigues, prendre part à des expéditions lointaines et aventureuses, et cela pour se donner aux âmes. Et quand se fit la guerre d'Italie, il n'avait eu ni cesse ni repos qu'il n'eût obtenu l'autorisation de franchir les Alpes et d'aller rejoindre nos soldats blessés. Il leur porta, avec les secours de la religion, le souvenir du pays, les accents de la langue maternelle; il leur tint lieu de père, de mère, de famille et de patrie. — A Langres il s'était fait de la garnison comme une paroisse où il était heureux d'aller chaque dimanche laisser tomber de son cœur quelques-unes de ces paroles sympathiques et dévouées qui faisaient toujours du bien à l'âme et rapprochaient de la religion.

C'était aussi une perte pour l'Eglise.

Quand on dit d'un prêtre que sa mort est une perte pour l'Eglise entière, on prononce une parole grave et qui a besoin de justification. Depuis quelque temps on avait jeté dans le monde et on travaillait à y accréditer une assertion malheureuse, capable de nuire à la religion : c'est que l'Eglise est l'ennemie de la civilisation moderne, c'est qu'il y a incompatibilité absolue entre sa doctrine et les principes sur lesquels repose aujourd'hui la société civile. L'âme franche et loyale de M. Godard ne put entendre une pareille affirmation sans se révolter. Il se mit à l'œuvre ; et, après une étude consciencieuse, il demeura bientôt convaincu qu'il y a une conciliation possible entre la doctrine catholique et les principes de la civilisation moderne à moins qu'on ne s'obstine à les entendre exclusivement dans le sens pervers et révolutionnaire qui mène à la ruine de la religion, de la propriété, de la famille, de l'ordre social tout entier. Telle fut l'origine d'un ouvrage (*Les principes de 89 et la doctrine catholique*) qui fit du bruit dans le monde. M. Godard y excéda quelque peu, moins par les choses qu'il dit que par les choses qu'il ne dit pas, moins par suite d'erreur que par esprit de bienveillance. Et lorsqu'une condamnation intervint, il fut le premier à faire preuve d'une soumission admirable, car avec la science d'un docteur il avait la foi d'un enfant. Un peu plus tard, il s'en allait à Rome, au tombeau des apôtres, avec des anxiétés douloureuses, des doutes navrants, des inquiétudes mortelles, et on le vit, prosterné aux pieds du Souverain Pontife, pleurer dans la pensée qu'il avait contristé le cœur de son père. Pie IX le releva avec bonté et lui témoigna la plus grande bienveillance. Ce regard perçant et profond qui lui fait juger les hommes dès le premier coup d'œil, lui avait révélé dans M. Godard un esprit de foi, de soumission, de franchise et de dévoûment absolu à l'Eglise, et par un privilége exceptionnel dont on ne trouve peut-être pas un autre exemple, il lui permit de recommencer son travail, sous la surveillance de plusieurs examinateurs romains qui devaient lui servir de guide et l'empêcher cette fois d'excéder la mesure exacte. C'est ainsi que le livre de M. Godard put reparaître une seconde fois, avec des explications et des développements qui font de sa publication une sorte d'événement. — C'est là ce que l'on peut appeler un service signalé rendu à l'Eglise. Et il faut le dire pour ceux qui ne seraient pas assez au courant de ces matières, désormais il ne sera plus permis, si l'on est sincère, si l'on a de la bonne foi, de parler d'antagonisme absolu entre les principes de la civilisation moderne et la doctrine catholique, les discussions entre catholiques ne pourront plus être aussi âpres et aussi exclusives, on saura enfin jusqu'où il est possible d'aller sans blesser la foi. La route est indiquée maintenant, les principaux jalons sont placés. On trouve, dans son ouvrage, la solution des difficultés et des problèmes contemporains. « C'est, dit M. A. Nettement, un véritable manuel qui doit être dans la main de tous les catholiques de notre temps. » M. Godard est mort victime de son zèle et de l'honneur sacerdotal, il a payé de sa vie le service qu'il a rendu aux catholiques de son temps. Les soucis que lui a suscités ce beau travail, ont abrégé sa vie, mais on peut dire de lui, comme de ce guerrier de l'antiquité, qu'il est mort enseveli dans son triomphe, et que son nom mérite de durer parmi nous entouré de respect.

Qu'il nous soit permis de rapporter quelques traits de cette vie si active, si laborieuse, si pleine de mérite devant Dieu et devant les hommes.

I

C'est le 3 avril 1825 que naquit à Chaumont-en-Bassigny, chef-lieu du département de la Haute-Marne, l'enfant auquel ses parents donnèrent le nom de Nicolas-Léon Godard. La famille dont il sortait était une de ces familles où se sont conservées dans toute leur intégrité les antiques traditions de la foi, de la piété, de l'honneur chrétien. L'enfant crût et grandit sous l'œil vigilant d'une pieuse mère qui avait la science suprême des mères, et qui s'occupa avant tout de lui faire connaître Dieu et de lui faire aimer. « Le juste, dit l'Ecriture, qui marche dans sa simplicité, laisse après lui des enfants heureux. » C'est, suivant toute la rigueur du sens attaché à ces mots, que les parents donnèrent au jeune Léon les exemples les plus puissants et les plus douces leçons de vertu. En cultivant son cœur facile et tendre, ils ne négligeaient rien pour orner son esprit et consacraient à cette dernière fin une partie de l'argent qu'ils pouvaient amasser par leur travail : *qui diligit filium suum instanter erudit.* L'économie du reste est un grand et immanquable secret de multiplier ses ressources.

De bonne heure, Léon Godard se montra parfaitement digne des soins qu'il recevait et sa vocation pour l'état ecclésiastique s'était déjà manifestée par plusieurs signes incontestables à un âge où d'autres témoignent à peine d'une demi-intelligence des choses matérielles de la vie. Quand la Providence a de grandes vues sur une âme, c'est ainsi qu'elle la prépare par des grâces particulières. De bonne heure, il montra un goût prononcé pour la piété et se distingua par un ardent amour des pauvres et de la Sainte Vierge. Il avait une pétulance de caractère et une vivacité d'imagination qui, à l'occasion, faisaient ressortir admirablement la grande bonté de son cœur ; à cela s'ajoutait un esprit enjoué dont les spirituelles saillies étaient l'amusement de ceux qui le connaissaient.

Vint l'âge des études. Après avoir reçu les premiers éléments de latinité de M. l'abbé Noirot, vicaire de Saint-Jean et d'un élève de l'école normale, M. Vernot (1), il entra, d'après les conseils de M. l'abbé Febvre, le 3 novembre 1834 au petit séminaire de Langres. Un caractère entreprenant, plein de franchise et d'ouverture, des succès dus à des talents fécondés par son travail firent du nouvel élève l'un des sujets distingués du séminaire. En 1841, il entrait au grand séminaire, il n'avait pas dix-sept ans. Son mérite et son application durant le cours de ses études de théologie ne tardèrent pas d'appeler l'attention de ses supérieurs et de ses professeurs, au nombre desquels nous pouvons citer Mgr Darboy, archevêque nommé de Paris, M. l'abbé Drioux, auteur de plusieurs ouvrages estimés, et M. Billardelle dont il devint

---

(1) L'abbé Noirot, aujourd'hui aumônier de l'hôpital de Chaumont ; M. Vernot, ancien instituteur à Hortes, auteur d'un ouvrage intitulé : *Pensées sur l'instruction primaire.*

quelques années après le collège. Ses études terminées, M. l'abbé Godard entra chez les Prêtres de Marie. Bientôt après une chaire d'archéologie fut créée au grand séminaire par Mgr Parisis qui la confia à l'abbé Godard. Chose rare et bien honorable pour lui, nul ne s'étonna. Il avait alors 21 ans. Dès un âge tendre, ses amis et ses maîtres l'avaient apprécié. Calme, réfléchi, studieux, pénétrant, spirituel et d'une simplicité noble et douce, sa précocité, plus réelle que bruyante, n'avait pas étourdi, comme beaucoup d'autres, les admirateurs, mais les avait pénétrés et persuadés. L'année précédente, il avait été chargé d'un cours de géologie. Il fut ordonné sous-diacre le 19 décembre 1846, diacre le 27 juin 1847 et prêtre le 3 octobre suivant, à l'âge de vingt-deux ans et demi en vertu d'une dispense. Dans la disette où nous vivons, l'Eglise se voit ainsi forcée de déroger elle-même à ses règles ; trop heureuse quand ses priviléges tombent sur une tête aussi digne de les obtenir.

Les premières années de M. l'abbé Godard furent donc paisibles et douces. D'autres n'ont pas eu un si grand bonheur. « Quand une vie est commencée au milieu des orages, dit M. de Chateaubriant, le reste de son cours passe en vain sous un ciel pur ; le fleuve demeure teint des eaux de la tempête qui l'ont troublé dans sa source. »

II

En 1848, la chaire d'histoire ecclésiastique étant vacante par le départ de M. l'abbé Drioux, M. l'abbé Godard devint professeur d'histoire et d'archéologie. Doué d'une mémoire prodigieuse, d'une brillante imagination, d'une grande sensibilité de cœur, d'un jugement exquis, prompt et sûr, il savait rendre ses cours vraiment intéressants. Voix sonore et sympathique, élocution correcte et facile, connaissance intime des temps présents et passés, vues justes et originales, il avait toutes les qualités d'un professeur d'histoire ecclésiastique et il aurait facilement brillé dans une chaire de Faculté de théologie. Son esprit dégagé de toute erreur, sa raison exempte de toute prévention, son cœur libre de toute passion, sa science pure, claire, nette, sans nuage, le rendaient maître des matières les plus difficiles et lui permettaient d'exposer clairement les questions les plus obscurs, de dissiper les doutes les plus spécieux, de dévoiler l'erreur la plus habilement cachée, de montrer le côté faible des objections et de porter la conviction dans les esprits. Il parlait sans hésitation, s'exprimait d'une manière claire et précise et employait les termes propres et consacrés.

Ses connaissances aussi grandes que variées

n'étaient pas entassées dans sa mémoire pêlemêle, comme des choses incohérentes et hétérogènes qui se repoussent ; il comprenait à merveille ce qu'il avait étudié ; il savait très-bien ce qu'il avait lu ; il s'était entièrement approprié ce qui était du domaine commun, de manière à en disposer à volonté et sans embarras, quand besoin en était, comme s'il puisait à sa propre source. Il enseignait avec autorité, rendant les vérités de foi telles qu'elles avaient été définies dans les conciles, les vérités de morale telles qu'elles avaient été décidées par l'Eglise, telles qu'elles se trouvent dans les Ecritures, dans la Tradition. Cette manière d'étudier et d'enseigner fait honneur à son jugement, à la pureté de sa foi et à son respect pour l'Eglise de Jésus-Christ, qui seule est dépositaire, juge et interprète de la parole de Dieu.

Dans l'enseignement de l'histoire, il savait faire ressortir ce qui doit avant tout intéresser l'élève du sanctuaire ; il s'attachait à montrer les différentes destinées de l'Eglise et de la Religion, les persécutions et les hérésies, les attaques de ses ennemis et le triomphe de la sainte cause de Dieu.

Toutes ces qualités faisaient de M. Godard, un professeur distingué et brillant, et lui gagnaient l'admiration et la sympathie de ses élèves.

III

C'est en 1851 que M. l'abbé Godard commença ses voyages scientifiques ; ses pas le dirigèrent d'abord en Algérie, où, pendant quatre mois, il visita d'abord une grande partie des villes du littoral, recueillant avec soin les inscriptions chrétiennes qui devaient servir à une histoire de l'Eglise d'Afrique qu'il se proposait d'écrire un jour. Bientôt apprécié par Mgr Pavy, évêque d'Alger, ce prélat lui offrit, en 1852, les fonctions du supérieur du séminaire Saint-Eugène. L'abbé Godard se contenta d'un poste plus modeste, celui de bibliothécaire-archiviste du diocèse. Ce poste convenait à ses goûts littéraires. Désireux de retracer les annales de l'Eglise de l'Afrique septentrionale, il voulait réunir tous les faits religieux, politiques et commerciaux qui constituent les rapports entre ce pays et l'Europe depuis la première invasion arabe du côté de Tripoli en 642 jusqu'à nos jours.

Ce grand travail, pour lequel il reçut successivement plusieurs missions scientifiques du gouvernement français, ne pouvait cependant lui faire oublier qu'avant d'être historien, il était prêtre et qu'il devait annoncer la bonne nouvelle. Aussi, après la prise de Laghouat, il demanda et obtint d'aller au cœur du Sahara fonder une église catholique à côté d'Aïn-Madhi, la ville sainte des tribus sahariennes. Nommé curé de Laghouat, il arriva le 17 janvier 1853 dans cette ville que notre armée victorieuse venait de conquérir, et y resta jusqu'au 10 mai. Il fut remplacé par M. l'abbé Darbon. Pendant quatre mois de séjour à Laghouat, M. l'abbé Godard s'occupa surtout des soldats français et on peut dire que c'est là qu'il commença à les aimer d'un amour tel que, rentré en France vers la fin de l'année 1853, il se fit, à Langres, une paroisse de la citadelle de cette ville, dans laquelle il établit une chapelle dédiée à Notre-Dame-des-Victoires et fonda une bibliothèque à l'usage des militaires.

A son retour de Laghouat, Mgr Pavy voulait confier à M. Godard la cure importante de Philippeville. Ce projet n'ayant pas eu de suite, il fut envoyé en mission à Rome pour traiter certaines questions relatives à l'évêché d'Alger. Il arriva dans la capitale du monde chrétien le 21 juin 1853, — où il retourna en 1856, — y resta un mois et revint, sur les instances pressantes de ses supérieurs, reprendre, à la rentrée de l'année scolaire 1853-54, sa chaire d'archéologie et d'histoire ecclésiastique au séminaire de Langres. Mgr Pavy qui appréciait et aimait M. Godard, regretta vivement cette détermination. Ses lettres, le titre de chanoine honoraire, ses instances à plusieurs reprises pour l'attacher définitivement à son diocèse, et, dans ces derniers temps, l'offre du poste de vicaire général, sont une preuve manifeste de la haute estime qu'il avait pour son talent et ses brillantes qualités.

A plusieurs reprises, il retourna en Algérie, pour continuer ses recherches historiques ; il ne visita pas seulement l'Afrique française, il parcourut l'Egypte, le Maroc, toutes les localités du littoral septentrional de l'Afrique, Malte, l'Espagne et les principales villes du littoral de l'Italie. Le fruit de ses nombreuses et savantes investigations est consigné, en grande partie du moins, dans treize volumes in-4° restés manuscrits. Dans cet ouvrage, il raconte brièvement ce qui est relatif aux révolutions intérieures de la Barbarie, s'étend principalement sur les relations de cette contrée avec l'Espagne, l'Italie, la France, en un mot, avec les peuples riverains de la Méditerannée, et plus tard, avec ceux même du Nord. Il traite les questions philosophiques qui embrassent un certain ensemble de faits, retrace en détail tout ce qu'il trouve de plus glorieux pour l'Eglise, les faits des missions, des martyrs, etc. Dans la pensée de l'auteur, ce travail devait former huit volumes in-8°. A côté des faits religieux auxquels il attribue la plus grande importance, il ne néglige pas les faits politiques, les guerres, les traités qui en sont souvent inséparables. Il est indispensable de joindre à ces documents les nombreux articles que M. Godard a publiés dans la *Revue africaine* et dans *l'Akhbar*.

Nous disions que ses recherches historiques ne lui faisaient pas oublier sa qualité de ministre de Jésus-Christ. Les articles qu'il a publiés dans l'*Univers* sur les écoles chrétiennes d'Alexandrie et du Caire, dans l'*Ami de la Religion* sur le Maroc et sur Gibraltar, en sont la preuve. Il était dans le diocèse de Langres, l'âme en quelque sorte de l'*Œuvre des Ecoles d'Orient*; ce qu'il avait vu dans le cours de ses voyages, lui faisait vivement désirer que cette œuvre prospérât et grandît. Gibraltar surtout est une preuve vivante de sa foi, de sa piété et de son dévouement aux âmes. C'est par ses soins qu'un de ses amis, M. l'abbé Delacroix, ancien professeur au petit séminaire de Langres, se trouve à la tête du collége Saint-Bernard ; c'est par ses soins que M. l'abbé Constant, du diocèse de Langres, y a envoyé deux instituteurs sortis de Malroy et que les sœurs de Bon-Secours de Troyes y sont établies au nombre de six. Il voulait faire plus, il voulait fonder en quelque sorte une colonie catholique et française dans ce pays, et quelques jours avant sa mort, il songeait à faire envoyer à Gibraltar trois frères des Ecoles chrétiennes et nous chargeait nous même de suivre cette affaire (1).

Pendant deux séjours qu'il fit en Espagne, il s'occupa, en qualité de vice-promoteur du procès de béatification du Vénérable Geronimo, de rechercher les faits qui concernent ce saint personnage.

IV

Vint la guerre d'Italie. Le régiment qui se trouvait en garnison à Langres fut désigné pour cette campagne si glorieuse pour nos armes ; M. Godard ne put voir partir sans regret ces enfants de la France qu'il avait évangélisés ; il y avait au-delà des Alpes des régiments qu'il avait connus en Afrique, il sollicita donc de son évêque la permission de partir. Mgr Guerrin qui avait refusé M. l'abbé Godard aux pressantes sollicitations de l'évêque d'Alger, n'hésita pas un instant à écrire au cardinal Morlot qui, connaissant le dévouement du prêtre qui lui était recommandé, le nomma aumônier de l'armée d'Italie. M. Godard fut chargé du service de l'au-

(1) Lorsque Mgr Scandella, vicaire apostolique de Gibraltar, apprit la mort de M. Godard, il fit célébrer un service en sa mémoire. A Rome, dans les séminaires anglais et irlandais, on offrit également le saint sacrifice pour lui. Nous pourrions citer des faits analogues en Suisse et en Algérie.

mônerie dans les hôpitaux de la place de Turin où il resta jusqu'au 15 octobre 1859 ; il avait été nommé le 4 juin. Ce service comprenait l'hôpital des Chevaliers de Saint-Maurice et de Saint-Lazare, l'hôpital de la Cavalerie et celui de la *Grossa-Dora*. Il avait fixé sa résidence dans cette dernière maison où se trouvaient les militaires le plus dangereusement blessés. Le 1ᵉʳ août, il y avait dans ces hôpitaux jusqu'à 2,772 malades. Seul il était chargé du soin de les visiter et de leur donner les secours de la religion ; de temps à autre quelques prêtres italiens dont il se louait beaucoup, venaient lui prêter l'appui de leur ministère ; enfin, un des professeurs du grand séminaire de Langres, M. l'abbé Maugère, se rendit à Turin, sans caractère officiel, et pendant quelques mois partagea avec son ami, la mission de consoler nos blessés.

On pouvait croire que M. l'abbé Godard serait nommé chevalier de la Légion d'honneur. Cette distinction, il l'avait méritée, non-seulement comme aumônier de l'armée d'Italie, mais pour les services qu'il avait rendus en Afrique à nos soldats. La seule preuve qu'il reçut de son séjour à Turin, fut une lettre de félicitation du ministre de la guerre et la médaille d'Italie décernée à tous les militaires. Les amis les plus intimes de l'abbé Godard ne virent jamais ni cette lettre de félicitation, ni cette médaille, et ce n'est qu'après sa mort que nous avons eu connaissance de ces deux particularités qui prouvent que, s'il aimait à faire le bien, il cachait avec soin tout ce qui pouvait appeler l'attention sur sa personne. Ainsi, il ne porta jamais la médaille de l'armée d'Italie, et ne porta jamais non plus les insignes de chanoine honoraire d'Alger et ceux d'aumônier de l'armée. Il était membre de plusieurs sociétés savantes et jamais il ne s'est prévalu de ces distinctions honorifiques.

S'il ne fut pas décoré, sa conduite ne fut pas moins remarquée, et l'année dernière, on lui offrait le poste d'aumônier en chef du camp de Châlons qu'il refusa pour aller à Rome.

V

Nous sommes arrivé à l'époque la plus pénible, la plus agitée de la vie de M. l'abbé Godard. Depuis quelque temps, les journaux cherchaient à accréditer cette opinion que le Catholicisme est l'ennemi de ce qu'on est convenu d'appeler les libertés modernes. Pour M. Godard la question n'en était pas une. Sincèrement attaché aux idées libérales, il avait l'âme trop grande pour douter un seul instant, mais il fallait appuyer cette question sur des faits, sur la tradition de l'Eglise, sur les grands écrivains. Il fouilla saint Thomas, Suarez, Bellarmin et de ces recherches sortit sa brochure : *Les*

Principes de 89 *et la Doctrine chrétienne.* L'ouvrage eut un certain retentissement, mais dans la presse catholique seulement. Les journaux rationalistes, saint-simoniens et anti-catholiques gardèrent un silence significatif. L'*Union* fit quelques réserves, le *Correspondant* approuva, et le *Monde*, par l'organe d'une plume qui, quelques années avant, écrivait à l'abbé Godard : « J'ai prié pour madame « votre mère, mais je ne sais si je n'aurais pas dû « plutôt la féliciter d'avoir donné à l'Eglise un si « vaillant ouvrier de l'Evangile, » le *Monde* blâma en des termes qui contristèrent profondément l'auteur. L'abbé Godard aurait pu répondre, il ne le voulut pas malgré les instances pressantes de ses amis. Nous pourrions citer des faits qui l'émurent singulièrement, mais il avait pour lui sa conscience et la voix de ses supérieurs qui rendaient justice à la droiture de ses intentions. Cela lui suffisait.

Au commencement de l'année 1862, le travail de M. Godard fut dénoncé à l'*Index*, et condamné le 5 avril. Mais d'avance, M. Godard s'était soumis au jugement de l'Eglise, ne cherchant, avec la plus respectable bonne foi, que la lumière dans une question épineuse. Aussitôt qu'il connut la décision qui avait été rendue, il fit réunir les élèves du grand séminaire de Langres et leur annonça la condamnation de son livre ; il écrivit au Saint-Père et à tous les journaux pour déclarer qu'il acceptait la sentence portée contre son ouvrage et le fit retirer du commerce. En même temps, il résolut d'aller à Rome porter à Pie IX l'expression de ses regrets. Sa condamnation avait appelé sur lui l'attention publique, et, si ses ennemis triomphèrent, sa prompte soumission fit éclater sa piété, sa foi et sa docilité filiale à l'autorité légitime qui siége à Rome.

Il se rendit à Rome. Nous avons fait ce voyage avec lui et nous avons été témoin de l'estime et la bienveillance que les premiers dignitaires de l'Eglise et le Saint-Père lui-même lui ont témoignés, et combien on attachait de prix aux sentiments dont il était animé. Nous avons vu avec quelle avidité les regards se portaient sur lui quand il entrait dans une réunion où son nom était prononcé, combien il était recherché de tous les hommes de mérite.

D'après les conseils de prélats éminents et distingués, il dut songer à faire une seconde édition de sa brochure. Il sollicita cette permission, « et par une faveur singulière et qui est rarement accordée dans des circonstances analogues à celle où il se trouvait, le Saint-Père lui permit de corriger son opuscule d'après les observations de théologiens romains des plus accrédités. » (1)

(1) Lettre de Mgr Guérin, évêque de Langres.

En rentrant en France, M. Godard rapporta, telle quelle avait été approuvée à Rome et pour le fond et pour la forme la seconde édition de son ouvrage et le secrétaire de la Congrégation de l'*Index*, le R. P. Modena, doyen des théologiens romains, écrivit à Mgr. l'évêque de Langres, une lettre dont nous extrayons les lignes suivantes :
« *Jam vero hac mente optimoque consilio permoveri ac velut manuduci nuperrime visus est, vir clarissimus abb. Godard, in opere elucubrando cui titulus :* LES PRINCIPES DE 89 ET LA DOCTRINE CATHOLIQUE. *Quod quidem opus non ita quidem S. Indicis Congregationis decreto vetitum (cui se insigni cum modestia tum obsequii erga apostolicam sedem laude auctor submisit), per aliquot ex romanis theologis severiorem ad trutinam revocatum nihil prorsus docere quod fidei catholicæ dogmatibus adversetur iisdem compertum est, qua de re in lucem edi posse haud perperam censuerunt.*

Dans cet seconde édition, l'auteur développe les distinctions qu'il avait d'abord faites, trop sommairement peut-être, sur la Déclaration des droits de l'homme et du citoyen, comme thèse philosophique et comme acte législatif. Deux pensées s'en partagent tous les chapitres, sans compter les réserves qu'il fait et même les objurgations qu'il adresse à cette assemblée « pour qui l'épithète de constituante sera un épigramme éternel, » l'auteur est sans cesse occupé à bien séparer l'enseignement catholique des idées révolutionnaires. Des mots bien choisis, par ci par là la terminologie théologique rappelée fort à propos, donnent à son exposition un caractère parfait de lucidité et de justesse. Par le développement naturel de la conviction, on arrive sans effort à cette conclusion déjà ancienne mais toujours nouvelle : « La révolution commencée par la Déclaration des droits de l'homme ne peut finir qu'en y ajoutant la reconnaissance des droits de Dieu. »

VII

Nous nous proposions de donner une appréciation des ouvrages de M. Godard. Les limites de cette notice ne nous le permettent pas. Nous nous contenterons d'en donner la liste, en faisant observer qu'ils peuvent se classer dans trois catégories distinctes: 1° les ouvrages concernant la Haute-Marne ; 2° les ouvrages relatifs à ses voyages ; 3° enfin, ceux qui ont rapport à son enseignement comme professeur. Voici leurs titres :

Essai sur le symbolisme architectural des églises. Caen, Hardel, 1847 ; in-8°.

Histoire et tableau de l'église Saint-Jean-Baptiste de Chaumont. — Eglise, Sépulcre, Chapitre,

Grand Pardon, Diablerie, avec dessins. Chaumont, C. Cavaniol, 1848; gr. in-8°.

Lettre d'un catholique aux bourgeois philosophes sur l'état présent. Langres, 1848; brochure.

Traité élémentaire de l'harmonie appliquée au plain-chant. Paris, Guyot frères (s. d.) gr. in-8°.

Cours d'archéologie sacrée à l'usage des séminaires et de MM. les curés, accompagné d'un grand nombre de dessins. Paris, Guyot frères, 1851, et V° Poussielgue-Rusand, 1854, 2 vol. in-8°.

Vies des saints du département de la Haute-Marne (diocèse de Langres). Chaumont, Ch. Cavaniol, 1855; in-12.

Journal d'une Visitandine pendant la Terreur ou Mémoires de la sœur Gabrielle Gauchat, morte trappistine en 1809 à Gerès, précédés d'une introduction. Paris, V° Poussielgue-Rusand, 1855; in-12.

Vie abrégée de la sœur Françoise, ancienne supérieure de la Providence de Langres. Langres, Crapelet, 1856; in-18.

Œuvres complètes du cardinal de la Luzerne, évêque de Langres, augmentées de près d'un tiers en ouvrages inédits reproduits d'après les manuscrits autographes de l'auteur ..... Paris, Migne, 1857; 4 vol. gr. in-8°.

La nouvelle Eglise d'Afrique introduction aux œuvres de Monseigneur Pavy, évêque d'Alger. Paris, Vᵉ Poussielgue-Rusand, 1858; in-8°.

Soirées Algériennes. — Corsaires, Esclaves et Martyrs de Barbarie. Tours, Mame et Cⁱᵉ, 1859; 1 vol. in-8°.

La Couronne des Vierges, traduit de l'italien. Lille, Lefort, 1859; in-12.

Le Maroc, notes d'un voyageur, 1858-1859. Alger, A. Bourget, 1859, in-8°.

Le Catéchisme du bon pasteur ou le *Livre des familles catholiques*, ouvrage traduit de l'anglais, du R. P. J.-A. Mannock, par deux professeurs d'un grand séminaire. Langres, Bordes frères, 1860; in-12.

Description et histoire du Maroc, comprenant la géographie et la statistique de ce pays d'après les renseignements les plus récents et le tableau du règne des souverains qui l'ont gouverné depuis les temps les plus anciens jusqu'à la paix de Tétouan, 1860. Paris, Tanera, 1860; 2 vol. in-8°.

Les Principes de 89 et la Doctrine catholique, par un professeur de grand séminaire. Paris, J. Lecoffre, 1861; in-8°.

L'Espagne, mœurs et paysages, histoire et monuments. Tours, 1862; grand in-8°.

Sur les Principes de 89, discours lu à l'Académie pontificale le 12 juin 1862 par S. E. R. Mgr Nardi, auditeur de Rote, traduit par M. l'abbé Léon Godard. Paris, Lecoffre, 1862; in-8°.

Les Principes de 89 *et la Doctrine catholique,* édition corrigée et augmentée. Paris, Lecoffre, 1863; in-8°.

Outre ces ouvrages, M. l'abbé Léon Godard a publié de nombreux articles dans le *Bulletin monumental* de M. de Caumont, les *Mémoires de la Société historique et archéologique de Langres*, la *Revue africaine*, la *Revue du Mouvement catholique*. Il en a donné également à l'*Univers*, à l'*Ami de la Religion*, à l'*Akhbar*, au *Courrier* et à l'*Union de la Haute-Marne*. Dans les derniers mois de sa vie il était chargé de la correspondance italienne du journal l'*Union*. Tout ce qui a paru dans cette feuille relativement à M. de Christen est de lui. La liste des articles qui méritent d'être conservés remplirait aisément plusieurs pages.

Il laisse treize volumes in-4° de notes pour son *Histoire de l'Eglise d'Afrique*, des documents curieux sur Gibraltar et environ seize cents pages, grand format, de notes pour une *Histoire de l'Eglise*, sans parler du programme lithographié qui se trouve entre les mains de tous ses élèves et qui compte cent quatre-vingt-six pages grand in-4°.

On a rassemblé en outre des canevas d'instructions pendant qu'il était en Afrique où il a présidé à plusieurs retraites pour le Jubilé, puis toutes les instructions qu'il a données aux militaires en qualité d'aumônier de la citadelle de Langres. L'une de ces instructions surtout est fort remarquable : *Le prêtre et le soldat*. Nous ne parlons pas d'une correspondance aussi nombreuse que variée. On imprime en ce moment une traduction d'un ouvrage anglais du R. P. Dalgairns, de l'Oratoire de Londres. C'est le dernier ouvrage dont il se soit occupé ; quelques jours avant sa mort, il en dictait les dernières pages qui n'ont pas été entièrement achevées. Une main amie (1) s'est chargée de ce soin.

VIII

Lorsqu'il quitta Rome, la santé de M. Godard était gravement atteinte et il fut obligé de se faire accompagner par le fondateur des Sœurs de Bon-Secours de Troyes, M. l'abbé Millet, pour aller prendre congé de Pie IX. La traversée de Civita-Vecchia à Marseille fut terrible. Pendant la nuit du

(1) M. l'abbé Dallet, missionnaire apostolique au Mysore.

24 au 25 novembre, une forte tempête s'était déchaînée sur la Méditerrannée et plusieurs vaisseaux échouèrent sur les côtes. Arrivé à Marseille, il se fit transporter à l'hôtel et ce n'est qu'à grand'peine qu'il pût rentrer au séminaire de Langres. En quittant cet établissement, au mois de mai, il ne savait du reste s'il y reviendrait. Il avait intérieurement dit adieu à son pays, à sa famille, à ses amis, à ses élèves, à tout ce qu'il avait aimé jusque là. Il envoya de Rome à son évêque qui ne l'accepta pas, sa démission de professeur, et il était décidé à partir pour les Missions africaines, s'il n'eût trouvé, dans la capitale du monde chrétien, plus de justice et de charité qu'il n'en avait rencontré en France. Ayant vécu à Rome pendant plus d'un mois de la même vie que lui, ne le quittant pour ainsi dire pas, nous avons connu ses plus intimes pensées et nous savons, plus que personne peut-être, les douleurs qu'il ressentit dans ces pénibles circonstances : « On me dit, nous écrivait-il plus tard, que bien des passions fermentent contre moi. En vérité, c'est étrange. Que puis-je faire de plus que de me soumettre en tout au Pape, même à celles de ses décisions qui sont en ma faveur? Vous savez que dans toute cette affaire j'ai conservé un calme qui peut-être n'est pas dans ma nature. J'espère que ce sera ainsi jusqu'à la fin. »

Cependant, il reprit peu à peu quelques forces

et corrigea les épreuves du livre qui lui avait fait tant de mal. Il s'occupait en même temps de la traduction de l'ouvrage du P. Dalgairns, et, à le voir si occupé, si désireux de reprendre ses travaux, dictant, quelquefois au milieu d'affreuses souffrances, sa nombreuse correspondance (1), conférant avec le professeur provisoirement chargé de son cours, personne ne croyait à une fin si prochaine. Le jour de la Purification et le lendemain, il avait dit la messe. Nous le croyions sauvé, lorsqu'il ressentit tout à coup les atteintes d'une maladie dont on ne soupçonnait pas l'existence. Le 10 février, il fut saisi de douleurs d'une violence extrême ; le samedi suivant, on ne conservait plus d'espoir, et le lundi 16, à deux heures de l'après-midi, il s'endormait dans la paix de Dieu, après avoir reçu le saint Viatique et l'Extrême-Onction en présence de tous les élèves du grand séminaire qui perdaient en lui un maître et un ami. Surpris par la souffrance, il a soutenu des luttes terribles dont il a triomphé par sa foi et les prières de l'Eglise ; il est sorti vainqueur de cette cruelle épreuve et il a fait à Dieu généreusement, non-seulement le sacrifice de sa vie qu'il estimait peu de chose, mais encore de tous les plans qu'il avait conçus. « J'ai encore, disait-il quelques jours avant,

(1) Le mardi avant sa mort, il fit mettre vingt lettres à la poste.

des travaux pour quinze ans. » Dans les moments paisibles de sa lente agonie, il a pu récapituler les souvenirs de sa vie laborieuse et se dire que le Vicaire de Jésus-Christ avait béni ses efforts et ses intentions. Les critiques et les censures qui avaient atteint son œuvre avaient été, pour notre excellent ami, une occasion de vertu. Aussi, martyr de l'intelligence, est-il allé recevoir au Ciel la couronne de justice que lui préparait la divine miséricorde de Dieu.

A ses obsèques, les pleurs se donnèrent libre cours, les sanglots de l'assistance couvrirent souvent la voix émue de l'orateur (1) qui retraçait dans une allocution touchante le tableau de sa vie. Ces marques de douleur montraient assez combien sa mémoire était chère et combien l'on sentait vivement sa perte. On aime aujourd'hui à se rappeler les qualités de son esprit et de son cœur, et longtemps on parlera de ses connaissances aussi solides que variées, de son caractère ouvert et affable, de sa foi aussi ferme qu'éclairée, « car il y avait chez lui, selon l'expression d'un éminent prélat, toutes « les qualités d'un grand défenseur de l'Eglise, in- « telligence, instruction, activité, courage, et tout « cela couronné par un grand esprit de foi. »

---

(1) M. Vitu, curé de Chaumont. Voir l'*Union de la Haute-Marne* du 19 février.

IX

M. Godard voyait ce qu'on appelle le monde. Il y brillait même. Sa conversation, bien qu'elle fût ordinairement grave et sans apprêt, ne manquait pas d'un certain charme. On le recherchait beaucoup et nous avons connu des personnes passionnées pour sa conversation la plus vive, la plus nourrie et la plus simple qui soit. Avant tout, il était d'une nature aimante et c'était là aussi bien la source de son talent que la cause de la séduction qu'il exerçait sur ceux qui l'approchaient. On sait le mot fameux de Vauvenargues ; « Les grandes pensées viennent du cœur. » Après sa sortie du grand séminaire, il avait été chargé pendant les vacances de diriger plusieurs éducations de jeunes gens dans les familles desquels il a laissé le meilleur souvenir. A Langres, il était en quelque sorte le lien entre l'Eglise et la société, entre le monde et la religion. Il avait des consolations pour toutes les souffrances, des conseils pour toutes les situations difficiles.

Outre la science et le talent, il possédait ce qui est mille fois plus précieux, la vertu. Il croyait et pratiquait ce qu'il enseignait, il était plein de foi, d'amour, de piété pour Dieu, pour Jésus, pour le Très-Saint-Sacrement, pour la plus pure des vierges. C'est ce qu'on remarquait dans son enseignement comme dans sa prédication. On comprend qu'un tel homme, un tel prêtre, un tel savant, ait été vertueux. Tout, dans la vie de M. l'abbé Godard, prouve qu'une profonde sagesse avait présidé à tous ses actes, à toutes ses dispositions. Son testament en est une nouvelle preuve. Il laisse à ses sœurs si cruellement affligées son patrimoine; il lègue au grand séminaire sa belle et volumineuse bibliothèque, à ses amis des souvenirs de ses voyages, des objets qu'il avait rapportés d'Afrique, d'Espagne ou d'Italie.

Cette appréciation n'est pas complète, puisqu'elle ne parle pas de M. Godard comme écrivain; mais toute incomplète qu'elle est, elle ne manquera pas, nous l'espérons, d'éveiller une profonde sympathie pour lui dans tous les cœurs nobles qui aiment la vertu, comme dans tous les esprits qui estiment la science.

Nous avons accepté avec empressement le pieux héritage d'écrire la biographie de notre très-cher, très-fidèle et très-excellent ami. Il a noblement combattu, il a rencontré durant son apostolat sur la terre bien des amertumes, des tribulations, de poignantes douleurs; il a souffert, comme celui dont il était le fidèle ministre, et reçu de lui la couronne de justice qui lui était préparée dans les cieux. Nous regrettons toutefois qu'une plume plus autorisée ne se soit pas chargée d'un soin qui nous a été doux et pénible à la fois, parce que nous l'aimions beaucoup et qu'il laisse dans nos affections et nos souvenirs une place qui sera toujours vide.

www.ingramcontent.com/pod-product-compliance
Lightning Source LLC
Chambersburg PA
CBHW060705050426
42451CB00010B/1273